debemos saber sobre el RICA

Charlene Altemose, MSC

LIBROS LIGUORI

One Liguori Drive ▼ Liguori, MO 63057-9999

Imprimi Potest:
Richard Thibodeau, C.Ss.R.
Provincial de la Provincia de Denver
Los Redentoristas

Imprimatur:
Reverendo Joseph F. Naumann
Obispo auxiliar/vicario general, Arquidiócesis de St. Louis

ISBN 0-7648-1041-3
Impreso en Estados Unidos
03 04 05 06 07 5 4 3 2 1

Todas las citas han sido tomadas de la *Biblia de América*, cuarta edición, 1994.

Para pedidos, llame al 1-800-325-9521
www.liguori.org
www.catholicbooksonline.com

Índice

Oración para la preparación del RICA

Dios, te damos gracias por que has sembrado el don de la fe en el corazón de las personas. Te damos gracias porque enviaste a Jesucristo tu Hijo como muestra de tu amor, que su vida y misión nos lleven a compartir de tu vida divina.

Te pedimos que nos bendigas, de manera especial a nuestros hermanos y hermanas que quieren pertenecer a tu Iglesia católica, a los catecúmenos y a los candidatos quienes generosamente han respondido a la invitación de Jesús "ven y sígueme". Ayúdales a que perseveren en su camino de fe pese a toda dificultad. Que el Espíritu Santo ilumine a quienes se encargan de preparar y coordinar el programa del RICA para que puedan guiar la vida de fe en Jesucristo. Que nuestra comunidad parroquial nos acompañe con sus oraciones y esfuerzos para atraer a nuevos hermanos y hermanas a la Iglesia. Te pedimos que podamos revitalizar nuestra fe para que podamos ser luz en el mundo.
Amén.

Introducción

La parroquia en donde estaba registrado el esposo de Luisa le envió una carta a él y casualmente Luisa la abrió, la carta decía:

Estimado Amigo:

Nuestros registros indican que hay miembros de su familia que están registrados en esta parroquia. Servimos no solamente a nuestros parroquianos sino también nos interesan sus familias. Quizás a veces usted se pregunte porqué hacemos lo que hacemos como católicos. O quizás usted ha pensado en volverse una persona católica pero no sabe qué hacer.

De cualquier manera, le invitamos a que conozca más sobre lo que es ser una persona católica. El ***Rito de Iniciación Cristiana para Adultos (RICA)*** *es para personas que quieren aprender del catolicismo o que quieren volverse católicas. Si usted es una persona casada con otra de diferente religión quizá quiera compartirle a su pareja las enseñanzas de la Iglesia católica. Si conoce a alguien que quiera aprender del catolicismo dígale que le estamos esperando para responder a cualquier pregunta relacionada con la fe católica. Si decide participar en el RICA y una vez terminado el programa decide ingresar a la Iglesia católica, será aceptado formalmente en una solemne celebración durante la Pascua.*

Le invitamos a que considere esta oportunidad y que asista a las reuniones del RICA, las cuales son los días jueves por las tardes y empiezan en el mes de septiembre. Si tiene alguna pregunta o necesita más información, por favor llame a la oficina de la parroquia.

Reciba un fraternal saludo, sinceramente

El padre Tomás

Alegre de haber recibido esta invitación, Luisa puso la carta a un lado. Ya tenía pensando en hacerse católica porque veía lo mucho que significaba la fe para su familia. La carta fue una respuesta a su deseo.

Hay muchas "Luisas" que están buscando la forma que les ayude a conocer más sobre sus necesidades espirituales y a identificarse con una **comunidad de fe**. Las personas que sienten el deseo de conocer más sobre la Iglesia católica sólo necesitan de una invitación amigable.

Pero ¿qué es el RICA?, ¿en qué consiste?, ¿qué necesita el RICA para que dé frutos en la parroquia? Las respuestas a estas y otras preguntas están en este librito que es una guía informativa para los católicos y otras personas que escuchan del RICA y que se preguntan lo que es. También este librito puede ser de gran ayuda para aquellas personas que participan directamente en un programa parroquial del RICA.

Nota: la primera vez que aparece alguna palabra o expresión relacionada con el RICA, estas se encuentran en letra más oscura y una definición de ellas está en la sección Palabras usadas en el RICA.

CAPÍTULO I

¿Qué es el Rito de Iniciación Cristiana para Adultos?

La religión enraizada en nuestra herencia cultural

Antes de explicar lo qué es el Rito de Iniciación Cristiana para Adultos es importante decir cómo cada persona entiende la forma en que Dios nos responde a la pregunta sobre el significado de la vida. El camino de fe de cada persona es único.

Deténgase por un momento en la lectura y vea su propia vida. ¿Cómo fue la primera vez que escuchó hablar de Dios? ¿Cómo empezó a conocerle y a practicar la religión? ¿Qué es lo que le ha ayudado a formar una imagen de Dios? ¿Usted de qué forma expresa su fe?

Usted nació en determinado tiempo, lugar y cultura que tenía su propio sistema de valores y forma de entender la vida. De su papá y mamá recibió la vida y también ha aprendido de él y ella ciertos valores y tradiciones, asimismo lo ha hecho de personas a su alrededor. Pero al ir creciendo usted empezó a desarrollar una forma única de ver la vida que incluye la religión que tiene.

Muchas personas practican la religión en la que crecieron en el transcurso de sus vidas; otras por el contrario, quizá la religión no forma parte de sus vidas; mientras que otras después de haberse dedicado a buscar deciden cambiarse de fe, o lo que a veces se llama cambiar de religión. El Rito de Iniciación Cristiana para Adultos (RICA) es un programa dirigido a aquellas personas adultas que están buscando y preguntándose acerca de la vida católica.

Católicos evangelizadores guiando a otras personas para entrar a la Iglesia

Antes de que un programa del RICA pueda convertirse en el programa que dé significado a las personas que deciden entrar a la Iglesia, la comunidad parroquial necesita tener un espíritu de fraternidad que pueda dar la bienvenida a las personas que van a formar parte de dicha comunidad. Es en la parroquia donde podemos experimentar y vivir el compromiso cristiano católico.

El RICA no puede dar los frutos sin que haya la dedicación y determinación de católicos y católicas que estén convencidos que la fe católica les ha hecho desarrollar una profunda relación personal con Jesús, el Señor. Sólo a través de su **testimonio** y del compartir sus experiencias de fe es que las personas interesadas en la fe católica pueden entender lo que significa ser un católico(a). Estas están atraídas a la vida católica principalmente por el ejemplo que ven en las otras personas.

Aunque la celebración litúrgica del domingo (la Misa) es el punto principal de la fe católica, debe hacerse algo más que asistir a ella para ser considerado como una persona católica practicante. Nuestra fe católica está en nuestras vidas durante toda la semana, cada día que tenemos debemos vivir la fe en plenitud.

El ejemplo y testimonio que se da, así como el compartir

el estilo de vida católica con aquellas personas que tiene preguntas sobre la fe es lo que se llama **evangelización**. Evangelizar es vivir de manera que a otras personas les atraiga la fe católica y que deseen ser parte de esta fe. Pregúntele a una persona que decidió entrar a la Iglesia lo qué le hizo hacerlo. En mi experiencia, a esta pregunta "¿por qué quieres ser católico(a)?" la respuesta que más les escucho decir es "porque conozco la forma en que viven los católicos y lo mucho que representa para ellos la fe".

Formas específicas en que los católicos pueden evangelizar

Aquí hay algunas formas efectivas en que los católicos pueden atraer a otras personas al catolicismo, ya sea directa o indirectamente, quizá a veces sin darse cuenta que son evangelizadores.

- Este atento a que cada persona cada día está llamada a la **conversión**. Aún aquellas personas que han sido católicas por mucho tiempo tienen la continúa responsabilidad de examinar su relación personal con Dios, con las otras personas y con ellas mismas, además de rezar para pedir la gracia para mejorar esas relaciones.
- Conozca lo que enseña la fe católica. Esté conciente de lo que significa ser católico. Después del Concilio Vaticano II muchas cosas cambiaron dentro de la propia Iglesia, manténgase al corriente de las enseñanzas de la Iglesia porque el vivir estas enseñanzas es algo que dura toda la vida, y al conocer su fe usted puede animar a otras personas a hacer preguntas y a buscar respuestas.
- Exprese de manera sencilla cómo es su relación personal con Jesús. **Comparta su fe** de manera generosa con quienes tienen otra fe y que preguntan sobre la fe católica. No se preocupe si no tiene las respuestas. Si no sabe las respuestas, asegúrese de saber a dónde ir a encontrar respuestas.

- Tome la iniciativa e invite a quienes son católicos pero se han retirado a que regresen a la Iglesia. A las personas que sólo asisten a la iglesia el Miércoles de Ceniza, Navidad o Pascua anímelas a empezar a asistir más frecuentemente a las actividades de la parroquia.

Por lo general a los católicos no se les conoce por ser evangelizadores. En el pasado no se hablaba sobre la vida personal de oración, puntos de vista sobre la religión, o experiencias de fe. Hoy día creemos que es más fácil que otras personas conozcan a Jesús cuando tenemos la facilidad para hablar de nuestra fe. Recuerde lo que Jesús dijo:

> Tampoco se enciende una lámpara de aceite para cubrirla con una vasija de barro; sino que se pone sobre el candelero, para que alumbre a todos los que están en la casa. Brille su luz delante de los hombres de modo que, al ver sus buenas obras den gloria a su Padre que está en los cielos. *Mateo 5,15-16*

Cómo empezó el RICA en la Iglesia

¿Qué es el RICA? Esta sigla está llegando a ser más familiar dentro de la Iglesia, significa Rito de Iniciación Cristiana para Adultos y más propiamente que un programa es un proceso mediante el cual los adultos llegan a conocer de la religión católica. En primer lugar es un *proceso* que tiene varios **ritos**, ceremonias y celebraciones con determinados esquemas y enfoques. Cada etapa del proceso tiene un ritual con oraciones y ceremonias litúrgicas que se realiza con la participación de la parroquia.

El RICA se enfoca en la iniciación cristiana para adultos por medio de la recepción del sacramento del bautismo, confirmación y eucaristía, que de manera común se celebran en una sola **liturgia**, la de la **Vigilia Pascual**. Si hay algunos jóvenes que quieran integrarse a la Iglesia y han madurado esta decisión, pueden participar junto con los adultos en el RICA. También hay algunas parroquias que tienen el programa del **Rito de Iniciación Cristiana para Niños (RICN)**, el cual está preparado para niños mayores de siete años.

El RICA no es algo que surgió como un sueño del **Concilio Vaticano II**, por el contrario, es la forma en que las personas se unían a la Iglesia durante los primeros siglos del cristianismo.

¿Por qué el Concilio Vaticano II volvió a incluir esta práctica antigua del **catecumenado** en la forma del RICA? Cuando los obispos estudiaron lo que la *Iglesia* significa para nosotros hoy en día, se dieron cuenta que, en lugar de ser una institución estática y sin vida, la Iglesia es el Pueblo de Dios cuyo caminar en la vida está confiado a la comunidad de fe. Los obispos de todo el mundo sabiamente decidieron enfatizar de nuevo el concepto que había sido perdido con el paso del tiempo: la Iglesia es la comunidad de creyentes. Tanto al rezar como al compartir la fe en el RICA, tanto los católicos como los **simpatizantes** encuentran el ambiente propicio para expresar su vida de fe. El modelo del RICA funciona en relación con esta renovada forma de ver lo que es la Iglesia porque la preparación de los nuevos **cristianos** católicos va mano a mano con la **formación** de la comunidad ya establecida.

En las páginas siguientes se explicará los conceptos básicos del RICA, los pasos del proceso del RICA y las formas prácticas para hacer que el RICA funcione en una parroquia.

Conceptos básicos del RICA

La conversión es un proceso.

Por mucho tiempo la vida de Roberto había dejado de tener un propósito, tener un trabajo y ganar dinero era todo lo que le importaba, pero de pronto se dio cuenta lo insatisfecho que estaba siendo su vida. Deseó ser una persona mejor; se dio cuenta que algo le faltaba a su vida pero no quería asistir a ninguna iglesia. Un día escuchó sobre un programa del RICA en una parroquia cerca de su casa. La gracia de Dios empezaba a poner su semilla en el alma de Roberto, y cuando se dio cuenta ya su inquietud lo había hecho un simpatizante en el programa del RICA. Con el tiempo Roberto había llegado a conocer de la Iglesia y empezado a tener una profunda relación personal con Jesús, al mismo tiempo con entusiasmo daba testimonio de la gracia de la verdadera conversión.

Hacerse católico es participar en una comunidad de creyentes.

La decisión de Rosa de asistir al programa de la parroquia del RICA le dio más de lo que ella esperaba. Acostumbraba asistir a servicios religiosos y estudios bíblicos a grupos llamados confesionales pero al final sentía que todavía algo le faltaba. El **equipo coordinador del RICA** le dio la bienvenida y Rosa pronto descubrió que ellos además de encargarse de su crecimiento espiritual también se apoyaban en su camino de fe. Los miembros del grupo, personas de la parroquia con deseos de ayudar, y otros simpatizantes compartían la forma en cómo ellos hacían oración. Solían decir cómo Dios actuaba en sus vidas y cómo Jesús les era el ejemplo a seguir en su servicio a las otras personas. Rosa pronto se dio cuenta que además de llegar a ser católica también se estaba reuniendo con un grupo de personas que eran verdaderos creyentes, viviendo con confianza sus tradiciones.

El RICA se realiza en una comunidad.

Daniel era un exitoso programador de computadoras quien no tenía relación con alguna denominación religiosa, lo que él promovía era la honestidad y la integridad de la persona. Algunos de sus compañeros no compartían del todo sus valores por lo que Daniel se sentía solo y frustrado en sus ideales. Fue entonces cuando uno de sus amigos lo invitó a una reunión del RICA y fue ahí donde encontró un ambiente de fraternidad y bondad que era lo que a Daniel le faltaba en su trabajo. Y también ahí los ideales de Daniel recibieron apoyo de personas que tenían diferentes experiencias en sus vidas y diferentes orígenes. Daniel seguía asistiendo a las reuniones del RICA de esa forma continuaba su camino de fe, y con un gran anhelo esperaba el día en que podía ser recibido en la Iglesia católica y poder formar parte de una comunidad.

Las etapas del RICA se celebran en una comunidad y cada etapa tiene sus propios ritos litúrgicos.

El padre José era el director espiritual del RICA y preparaba con todo detalle las celebraciones litúrgicas de cada etapa del RICA. Cada rito era valorado de forma única por los **catecúmenos**, **candidatos**, miembros del equipo coordinador y la comunidad parroquial. El padre animaba al coro a preparar los cantos que se iban a cantar en las celebraciones y siempre les explicaba el significado del rito durante la celebración. El con gusto acompañaba al grupo del RICA a la catedral para el **Rito de Elección**. Los presentaba al obispo para que los catecúmenos y los candidatos pudieran darse cuenta del sentido de la naturaleza universal de la Iglesia. La Vigilia Pascual marcaba el año litúrgico como el tiempo en el que se les daba la bienvenida a los nuevos miembros y juntos celebraban la Resurrección del Señor.

La experiencia del RCIA sigue el curso de los tiempos litúrgicos mediante las lecturas de los ciclos del leccionario.

Ana había nacido en una familia profundamente católica, fue una de las primeras personas en ayudar al programa del RICA ya que el padre le había pedido ayudar en las **celebraciones de la palabra**. Ella no estaba muy familiarizada con este aspecto del RICA en el cual los catecúmenos después de que termina la homilía de la misa del domingo se les pide retirarse para ahondar más en las Escrituras. Ana deseaba ayudar en esto. Conforme pasaban las semanas ella se dio cuenta de la poca atención que ponía en las Escrituras de la misa.

Esta experiencia hizo que apreciara más profundamente las Escrituras y también demostró cómo nuestras creencias católicas surgen de las Escrituras. Los catecúmenos llegaron a tener un gran sentido de las creencias de la fe católica y entre ella había una conexión con los ciclos litúrgicos. También llegaron a ver que la Biblia es una parte integral de la fe católica. La fe de Ana se enriquecía al celebrar los misterios pascuales ya que estaba unida a una profunda comprensión de la lectura de las Escrituras.

El proceso del RICA alienta el autentico catolicismo.

La parroquia de Cristo Rey estaba celebrando el domingo de Pentecostés la venida del Espíritu Santo reconociendo a las nuevas personas que recibieron el bautismo. Tomás, un **neófito**, le pidieron hablar a la comunidad sobre su experiencia de fe que había tenido en su preparación durante el RICA. Estaba muy orgulloso de que compartiera dos mil años de cristianismo cuyo origen era la vida y misión de Jesucristo. El testimonio que dio Tomás fue una amplia prueba de cómo el programa del RICA transforma la vida de una persona.

Desde que nos casamos, estuve tan ocupado en mi trabajo que no dedique un tiempo para Dios y la religión. Pero veía lo importante que la religión era para mi esposa y mis hijos. Cuando decidí participar en un programa del RICA fue sólo para aprender un poco sobre la fe católica que mi esposa y mis hijos practicaban.

Al reflexionar el texto de Mateo 16,15 "Jesús les preguntó: —Y según ustedes, ¿quién soy yo?" encontré la verdadera paz. Me di cuenta de que Jesús me estaba invitando a compartir la fe de mi esposa e hijos. Empecé a cambiar las cosas importantes en mi vida y ahora la religión es una parte de ella. Cada vez que comulgo siento una gran paz y cuando mi fami-

lia celebra y recibe los sacramentos crecemos juntos.

Sé que al seguir los mandamientos y las enseñanzas de la Iglesia Jesús espera algo de mí. Me siento muy orgulloso de ser católico, de recitar el Credo cada domingo durante la Misa con mí familia y con toda la parroquia, puedo sentir la presencia de Jesús. Es el Espíritu el que se manifiesta aquí y ahora. Esta fe que es nueva para mi también ha afectado mi trabajo, ya que mis compañeros de trabajo dicen que me llevo mejor con ellos desde que empecé a asistir al programa del RICA. Así como los discípulos de Emaús le dijeron a Jesús también yo quiero decirle "Quédate con nosotros"(Lucas 24,29). Y no me canso de continuar escuchando la invitación de Jesús "Ven y veras"(Juan 1,39).

El RICA me ha preparado bien para ser el tipo de católico por el que mi esposa y mi familia habían estado rezando. Les agradezco a todas las personas que me ayudaron a encontrar "el camino, la verdad y la vida" (Juan 14,6).

El RICA: reinstitución de antiguas prácticas

Lo descrito antes es sólo uno de los frutos de un programa del RICA. Dondequiera que haya un vigoroso programa del RICA, las nuevas personas católicas (neófitos) desafían a los católicos maduros en su fe a ser lo mejor que ellos puedan. El éxito del programa, tanto como para los nuevos católicos como para los católicos maduros depende de la gracia de Dios que se manifiesta a través de las personas y su testimonio.

A través del RICA, las comunidades parroquiales pueden recapturar el fervor de los primeros cristianos sólo si la parroquia aprovecha las oportunidades que el RICA les ofrece. Al observar como los neófitos aprecian la fe, los católicos maduros se animan a ser más agradecidos por el don de la fe en sus propias vidas. El RICA es el medio apropiado para acercarse a nuestras raíces, para poder incorporar a cada día los valores de un compromiso comunitario hacia la persona de Jesucristo y hacia las necesidades de nuestros prójimos, dichos valores fueron también vividos por los primeros cristianos.

El RICA enraizado en la historia

El RICA es un intento para reinstituir la forma original y con significado en como las personas llegaron a conocer de la fe. En el primer siglo lo único que se requería para ser cristiano era creer que Jesús era "el camino, la verdad y la vida" (Juan 14,6). Esta creencia requería que las personas se arrepintieran, recibieran el bautismo y vivieran el mensaje del Evangelio.

A partir del segundo siglo hasta el siglo quinto la Iglesia definió las creencias cristianas. Los primeros concilios de los obispos formularon el Credo y también los **dogmas** sobre la verdadera naturaleza de Jesús. Rituales un poco más elaborados sustituyeron a los anteriores.

En el año 313 d.C. el emperador Constantino proclamó la tolerancia religiosa a través del Edicto de Milán terminando oficialmente la persecución romana de los cristianos, fue entonces cuando el cristianismo se volvió socialmente aceptable. Para que las personas no entraran a la Iglesia para tener prestigio social o por otros motivos indignos, la Iglesia requirió de ella un periodo de formación (el catecumenado) la cual concluía en la celebración de la Vigilia Pascual en la que los catecúmenos recibían el bautismo con agua y recibían el sello del Espíritu, lo que después se llamó confirmación. También participaban de la Cena del Señor, la que después llegó a llamarse la eucaristía.

Al ir creciendo la Iglesia y el bautizar a los niños se hacía más común, el proceso de formación para los adultos disminuyó. Poco a poco el catecumenado como proceso de formación desapareció totalmente. Una persona que deseaba entrar a la Iglesia recibía una formación mínima e instrucción individualizada. En la Edad Media, un catecúmeno sólo requería conocer cosas muy básicas de la fe, como recitar el Credo y el Padre Nuestro.

Como respuesta a la Reforma, el Concilio de Trento inició formas más claras de promover la fe católica, una de ellas fue la publicación de catecismos que contenían elementos básicos de la fe. Los conversos eran preparados individualmente e iban a la Iglesia a una ceremonia privada. Lo que se les pedía era memorizar información básica, por ejemplo, el Credo, el nombre de los siete sacramentos, oraciones básicas y una oración para confesarse. Esta forma de dar instrucción duró hasta el Concilio Vaticano II.

Uno de los objetivos del Concilio Vaticano II fue regresar al espíritu de la Iglesia de los primeros siglos. Los Padres Conciliares se dieron cuenta que desde la Reforma, una persona entraba a la Iglesia en forma privada que daba más importancia al conocimiento en lugar de una formación espiritual. Entonces decidieron que las antiguas formas de aceptar a nuevos miembros daban una formación más profunda y una autentica comprensión del proceso de conversión.

La restauración del catecumenado como la forma en que los adultos pueden entrar a la Iglesia fue uno de los cambios más relevantes hechos por el Concilio Vaticano II. El Rito de Iniciación Cristiana para Adultos fue promulgado en 1972 por el Papa Pablo VI y un texto provisional se escribió en 1974. En 1988 los obispos de los Estados Unidos ordenaron que todas las parroquias en este país utilizaran el RICA como el proceso para aceptar a nuevas personas dentro de la Iglesia, fueran ellas personas no bautizadas o que vinieran de una denominación cristiana. Aunque cada parroquia adapta a sus necesidades el programa, el RICA sigue ciertas etapas que están explicadas en la siguiente sección.

CAPÍTULO II

La estructura y el formato del RICA

El RICA es un proceso gradual y su formato refleja todos los elementos de una relación que crece. Así como dos personas crecen gradualmente hasta establecer vínculos perdurables, el RICA avanza en etapas que van desde una relación casual hasta llegar a un pleno compromiso. Aunque las etapas en el camino de fe no pueden ser divididas fijamente, hay características que distinguen cada etapa. En cuatro etapas, el RICA les proporcionan los elementos a las personas que quieren conocer de la fe y entrar a la Iglesia. Son los ritos litúrgicos los que marcan la transición a cada etapa.

El proceso del RICA explicado

El período de ser simpatizante (**preevangelización** o precatecumenado) es la primera etapa en el camino de fe. Es un tiempo para conocer a otros miembros del grupo y sentirse cómodo con ellos. A las personas que están pensando si están siendo llamadas a vivir una vida católica se les llaman *simpatizantes*.

El proceso del RICA

PRIMER ETAPA	TRANSICIÓN A LA SEGUNDA ETAPA	SEGUNDA ETAPA	TRANSICIÓN A LA TERCER ETAPA
Simpatizantes, Precatecumenado, Preevangelización A las personas en esta etapa se les llama simpatizantes.	***Rito de aceptación al catecumenado*** Los que no están bautizados son catecúmenos. Los cristianos que están bautizados y quieren pertenecer a la comunidad católica son candidatos.	***Catecumenado*** Los catecúmenos y candidatos estudian la fe católica.	***Rito de Elección*** Los catecúmenos que llegan en la etapa de purificación e iluminación se les llama elegidos.

TERCER ETAPA	TRANSICIÓN A LA CUARTA ETAPA	CUARTA ETAPA
Tiempo de purificación, vigilia e iluminación (La Cuaresma) Los elegidos participan en la práctica cuaresmal y celebran los escrutinios con la comunidad.	***La celebración de la Vigilia Pascual*** Al ser incorporados en la Iglesia los elegidos son neófitos.	***Mistagogia*** Los neófitos tienen un nuevo papel de servicio en la comunidad. En el día de Pentecostés el proceso del RICA se termina.

Primera etapa: Periodo simpatizante (Preevangelización o periodo de Precatcumenado)

La etapa de ser simpatizante no tiene estructura ni duración fija y es la más flexible en su formato en comparación con las otras etapas. Los simpatizantes tienen tiempo para compartir sus historias de vida y de fe. Todas las preguntas que tienen son contestadas y cualquier idea estereotipada que tienen acerca de lo que es ser católico se examina y se aclara. Esta etapa puede tener lugar en un lugar parroquial o en una junta informal en la casa. Los interrogantes son invitados a hacer preguntas y se les invita a **discernir** si la vida católica es para ellos. La etapa interrogante puede tardar de unas semanas hasta unos años, dependiendo en la situación individual. Cuando los interrogantes deciden perseverar el camino de fe al catecumenado, ellos hacen un compromiso por medio del **Rito de Aceptación en el Catecumenado**.

Primer rito litúrgico: Aceptación en el Catecumenado

El Rito de Aceptación al Catecumenado es la celebración de la intención de los simpatizantes de ser católicos y seguir seriamente el camino de fe hacia el bautismo o de aceptar totalmente la enseñanzas de la Iglesia. Este paso es aceptado por la Iglesia y es el primer rito litúrgico que tiene lugar en presencia de la comunidad de fe, preferentemente en una liturgia del domingo.

Segunda etapa: El Catecumenado

La etapa del catecumenado marca el principio de instrucciones formales en la fe. Las personas que quieren ser católicas aprenden los fundamentos de la fe y cómo vivir el estilo de vida católica en un proceso que se adapta a los estilos de aprendizaje de adultos.

El contenido durante la etapa del catecumenado se basa en este hecho: tenemos un Dios que nos ama y que ha revelado ese amor a nosotros en Jesús. La tradición católica es nuestro medio de conocer y entender la vida de Jesús. Estamos llamados a reflejar esa vida en nuestro estilo de vida.

Así que el catecumenado se enfoca en Jesús, sus enseñanzas, la Iglesia y los sacramentos.

Los simpatizantes que no están bautizados durante el catecumenado se les llama *catecúmenos* y los simpatizantes que vienen de una denominación cristiana y quieren entrar a la Iglesia católica se les llama *candidatos*. Cuando los catecúmenos y candidatos entran al catecumenado la comunidad les asigna a cada uno **un esponsor**, quien es miembro de la comunidad de fe y acompañará al catecúmeno o candidato en una relación de uno a uno.

El esponsor es una persona con quien el candidato o catecúmeno tiene confianza para hablar y rezar, también le ayuda al catecúmeno a discernir más cuidadosamente la decisión de hacerse una persona católica. Es un ministerio para la personas que tienen ganas de compartir la fe personal y ayudar a otra persona hacia la iniciación cristiana o hacia un catolicismo comprometido.

Durante el catecumenado, los catecúmenos y candidatos toman parte en la liturgia dc la palabra de la misa del domingo, sin embargo no participan en la eucaristía. Usualmente salen de la asamblea después de la homilía con una bendición porque continuarán explorando el sentido de las Escrituras. Esta **despedida** es un signo poderoso y testimonio público a la comunidad de fe de la sinceridad y determinación de los que desean ser católicos. Lo que demuestra que están persiguiendo seriamente su llamado y están preparándose para hacerse católicos comprometidos hechos y derechos.

Los catecúmenos y candidatos usualmente están acompañados por miembros del equipo de RICA que sirven como facilitadores y líderes de la discusión acerca de las Escrituras leídas el domingo. Esta forma del catecumenado se basa en el leccionario e involucra a los participantes en el espíritu del año litúrgico y también les hace posible relacionar las lecturas con sus propias vidas.

El tiempo dedicado como catecúmeno o candidato varia en cada persona, pero es recomendable que dure más de un año. Durante este tiempo de catecumenado se permite que la persona que se prepara en el RICA se case en la Iglesia o que tenga un funeral cristiano.

Segundo rito litúrgico: Envío de los catecúmenos y Rito de Elección

Los candidatos y catecúmenos concluyen el período del catecumenado y entran en la siguiente etapa de su camino de fe, **La Purificación e Iluminación** por medio del **Rito de Envío** y el Rito de Elección. Al discernir junto con el equipo de RICA que se les llama a la vida católica, los catecúmenos y candidatos son llamados oficialmente por el obispo o su representante en el Rito de Elección.

Antes de que los catecúmenos y candidatos vayan a la catedral al Rito de Elección, la parroquia celebra esta transición y les envía con una bendición al Rito de Envío. Este envío se celebra en una liturgia del domingo antes del Rito de Elección, que se celebra por lo común **el primer domingo de Cuaresma**.

El Rito de Elección es un evento muy elaborado y memorable. Por primera vez, ellos experimentan no sólo el nivel de la Iglesia particular sino también el nivel diocesano, juntos con los demás de la diócesis que entrarán a la Iglesia en la próxima Vigilia Pascual.

Los catecúmenos que entran a la Iglesia ya son **los elegidos**. Al haber terminado el período de instrucción formal, se preparan así mismos más intensamente por medio de la oración y renacimiento espiritual para la celebración del misterio pascual y la recepción de los sacramentos de iniciación. Los catecúmenos escriben sus nombres en el libro de los elegidos.

Tercer etapa: Período de iluminación y purificación

El tercer período del catecumenado coincide por lo común con el Tiempo de Cuaresma, tiempo de reconciliación, oración y renacimiento espiritual para toda la Iglesia entera. Las personas que entran en la Iglesia, ya enfocan su atención en la reflexión interior y conversión.

La Cuaresma es un tiempo cuando el ambiente de la sesión regular es más espiritual. A los elegidos y candidatos se les explica las diferentes formas de hacer oración a través varias experiencias de oración. Debido a que la Iglesia enfatiza la conversión durante de la Cuaresma, este es un tiempo apropiado cuando los ya bautizados celebran el sacramento de reconciliación.

Hacer notar a los elegidos y a la comunidad parroquial la autodisciplina, el período de purificación e iluminación se marca a través de los **escrutinios**; los cuales se llevan a cabo el tercer, cuarto y quinto domingo de Cuaresma, incluyen **los exorcismos**, oraciones para la liberación del mal y por el esfuerzo de ser fiel al evangelio. Los elegidos se arrodillan con humildad ante la comunidad y la comunidad reza para ellos. Las súplicas se enfocan en las necesidades espirituales de todos, especialmente las de los elegidos.

Ya que los que quieren entrar a la Iglesia se están preparando para participar completamente en la liturgia, se les presentan las dos oraciones básicas tradicionales de la Iglesia: el **Padre Nuestro** y el Credo. Muchas veces estas oraciones están enmarcadas o enmicadas en plástico y se convierten recuerdos preciosos. También se les animan a rezar regularmente estas oraciones y memorizarlas a fin de que cuando asistan a la liturgia puedan participar completamente con su recitación.

El rito oficial recomienda que el Padre Nuestro sea presentado a veces en la Cuaresma durante una reunión regular. En esta puede dialogarse el Padre Nuestro y las formas más comunes de rezar.

El Credo, la síntesis de nuestras creencias cristianas, es presentado a veces antes del comienzo de la Vigilia Pascual. Es recomendable que la presentación del Credo tenga lugar en una liturgia del domingo en la presencia de la asamblea.

Una preparación inmediata para la Vigilia Pascual se lleva a cabo en la mañana del Sábado Santo o en otro tiempo apropiado antes de la iniciación. Es un período de retiro, reflexión espiritual y la celebración de los rito preparatorios, —**El Rito del Effatha** (vea Marcos 7,34-35)— la apertura de los sentidos y la declaración de un nombre bautismal. Si los candidatos no han recibido el sacramento de la reconciliación, el retiro es un tiempo apropiado.

Para calmar cualquier ansiedad/inquietud sobre su papel en la Vigilia Pascual, es recomendable que haya un ensayo como parte de la preparación inmediata.

La celebración de la Resurrección del Señor y la **iniciación** de católicos nuevos en la Vigilia Pascual es la cumbre y la celebración más importante del año litúrgico. Entre el simbolismo y los rituales de la Vigilia Pascual, la Iglesia celebra la pasión, muerte y resurrección de Cristo.

La Vigilia Pascual es una celebración litúrgica en la cual las paradojas de la muerte y vida, la luz y oscuridad, el pecado y la redención son observadas ritualmente. Debido a los temas del misterio pascual y renacimiento en la vida de Cristo, la ceremonia se enfoca en las personas que van a ser bautizadas o que han aceptado y compartirán las enseñanzas de la Iglesia.

La Vigilia Pascual, es la ceremonia más larga y sagrada del año litúrgico. Tiene cuatro partes distintas:

1. El Servicio de Luz, con la bendición del fuego pascual y encendido del cirio pascual, puede tener lugar fuera de la iglesia.

2. La Liturgia de la Palabra cuentan la historia de nuestra salvación.
3. La liturgia del bautismo incluye la ceremonia bautismal, la profesión de fe, renovación de las promesas bautismales de los ya bautizados y la confirmación.
4. La liturgia de la Eucaristía en cual los que se entran a la Iglesia reciben su primera comunión.

Aunque los nuevos católicos son recibidos en la Iglesia en la Vigilia Pascual, este es sólo el principio de sus vidas como católicos. Los recién bautizados ya son llamados neófitos, una palabra griega que quiere decir, "recién plantado". Pero ellos y sus nuevos amigos católicos continúan su formación en la última etapa del proceso que dura formalmente hasta Pentecostés.

Cuarta etapa: Mistagogia

Los nuevos católicos continúan su camino de fe en un período post-bautismal llamado **mistagogia**. Derivado de una palabra griega, *mistagogia* quiere decir literalmente, entrando más profundamente en el misterio. Los nuevos católicos usan este tiempo para reflexionar en el proceso del RICA y la comunidad parroquial les ayuda a empezar a participar activamente en el ministerio parroquial.

Durante las sesiones normales, otros feligreses les presentan a los nuevos católicos los ministerios específicos y les muestran cómo pueden involucrarse activamente en la vida parroquial. Los nuevos católicos examinan cómo sus propios talentos pueden ser usados en el ministerio parroquial.

La mistagogia dura hasta el Pentecostés, cuando los nuevos católicos dan testimonio de su recién descubierta fe en una liturgia festiva. Aunque esto marca el final del proceso formal del RICA, se les anima a continuar siendo parte del RICA, ahora como católicos comprometidos.

Aunque el RICA puede terminar para un grupo, idealmente el RICA es un proceso continúo en el cual siempre hay personas en alguna de sus etapas. Esta manera de dirigir el programa requiere más tiempo, esfuerzo y personas, porque puede haber una gran variedad de circunstancia personales. Pero el RICA existe para beneficiar a los simpatizantes. A veces el programa necesita adaptarse debido a necesidades especiales.

Rut nunca había tenido ninguna afiliación religiosa. Pero cuando su marido, Ricardo, un católico inactivo se enfermó gravemente, ella se dio cuenta lo importante que fue la religión en su vida. Se registró en un programa del RICA y fue aceptada. Pero a causa del cuidado constante que requería Ricardo ella no pudo asistir regularmente a las sesiones. La coordinadora del RICA le informaba a Rut del proceso y además los miembros del equipo la visitaban regularmente.

El domingo de Ramos, Rut llamó a la parroquia para decirles que su esposo se había puesto muy grave y que quizá no viviría más de una semana. Pero él había pedido hacer la paz con la Iglesia y quería tener el jubilo de ver a Rut hacerse una católica. El párroco y miembros del equipo decidieron tener una celebración anticipada en la casa. Ricardo hizo una confesión concienzuda y se reconcilió con la Iglesia. Recibió el sacramento de la unción de los enfermos y el párroco dio validez a su matrimonio. Rut fue bautizada, confirmada y comulgó por primera vez. La comunión que Ricardo recibió fue la última porque murió el Viernes Santo. ¡Seis sacramentos de la Iglesia en una sola vez! ¡Qué celebración tan hermosa fue!

CAPÍTULO III

Los ministerios y sus funciones en el RICA

Aquellas personas que simpatizan o buscan entrar a la Iglesia católica son a quienes se dedican el RICA. Conforme avanzan en su camino de fe reciben diferentes nombres: simpatizantes, catecúmenos, candidatos, elegidos y neófitos. El RICA está diseñado específicamente para esas personas ya que sin ellas no hay RICA. Pero cuando hay un programa del RICA en marcha hay también una necesidad de otras personas a quienes se les encargan de una variedad de actividades que ayudan al proceso.

Aunque el rito oficial no pide que haya un equipo del RICA, la misma estructura y estilo de operación del RICA demanda implícitamente la formación de un equipo. Las funciones del equipo las realizan diferentes personas, si es que en un equipo del RICA está bendecido con muchas personas para ayudar en la organización. También los roles y funciones pueden traslaparse, pero recuérdese que el RICA es flexible y que si hay varios voluntarios en ayudar se les pueden asignar creativamente diferentes actividades. Los siguientes papeles son básicos para crear un RICA eficaz en una parroquia.

- EL COORDINADOR O DIRECTOR DE RICA: organiza el RICA y delega la tarea a varios miembros del equipo. Usualmente el coordinador es la primera persona de contacto cuando un simpatizante quiere registrarse en el RICA. Quien ocupa esta posición idealmente sería una persona con una preparación profesional en educación religiosa o teología.
- EL DIRECTOR ESPIRITUAL: dirige el desarrollo espiritual y da orientación. Por lo común, el director espiritual es un sacerdote o agente pastoral que evalúa y dialoga con los participantes para determinar con ellos su aptitud para las diferentes etapas; particularmente les ayuda a prepararse para que al celebrar el sacramento de la reconciliación no estén estresados y tengan confianza.
- EL CATEQUISTA: es la persona que enseña la catequesis formal. El catequista no tiene que ser alguien con estudios profesionales en religión o teología pero debe saber los suficiente de la fe católica para poder enseñar y responder a preguntas relacionadas con la fe católica.
- EL ESPONSOR: es la persona que apoya y anima a los que tienen interés en ser católicos. El espónsor es la persona más importante para un individuo que quiere entrar a la Iglesia. En esta relación, el espónsor se hace mentor, guía y confidente. Por eso la persona que toma ese papel recibe una confianza sagrada y además acompaña a esa persona interesada en ser católica en el camino de su fe, contesta a sus preguntas y está presente en las sesiones de RICA.

- EL PADRINO O LA MADRINA: es testigo formal de la recepción de los sacramentos de bautismo y confirmación. El catecúmeno o candidato escoge a un católico practicante para ser su padrino o madrina según sea el caso. Aunque los papeles del espónsor, padrino o madrina pueden ser distintos, a veces la misma persona puede tomar ambos papeles para el catecúmeno o candidato.
- EL COORDINADOR DE LA LITURGIA: coordina la liturgia para los ritos específicos. Esta persona informa al sacerdote, ministro de música, lector(es) sobre los planes de cualquier ritual pendiente que se llevará a cabo durante una liturgia del día domingo.
- LOS MINISTROS DE HOSPITALIDAD: dan la bienvenida y saludan a los participantes. Aunque el ministerio de hospitalidad pertenece a todos, se puede designar a personas que ayuden como anfitriones y son los que arreglan los aspectos sociales del RICA.
- LOS QUE ARREGLAN EL LUGAR DE LAS REUNIONES: limpian el área, preparan el lugar, ponen las mesas y sillas en orden, instalan la TV y/o la videocasetera, etc. Aunque todos debieran compartir esta tarea hay personas que son más hábiles en los aspectos físicos que otras. Siempre es de gran ayuda que haya una personas que sepa como usar los controles de la temperatura, arregle los muebles y que provea la fuerza física.
- LOS OBSERVADORES INTERESADOS: asisten a las sesiones aunque no tienen ningún papel o contribución. El RICA está dirigido primeramente a personas interesadas en ser católicas y no es un programa sustituto de educación religiosa para adultos. Pero los feligreses

pueden dar a conocer que su presencia enriquece su fe, apoya a los simpatizantes y provee información actualizada, en particular la de los cambios en la Iglesia.

- AMIGOS DE ORACIÓN: apoyan a los catecúmenos y candidatos con sus oraciones pero no participan de otra manera. Este es un ministerio ideal para los ancianos y los que no pueden salir de la casa pero cualquier miembro de la parroquia puede compartir esta tarea importante. El coordinador puede pedirles a varias personas ser amigos de oración.

- EL DIRECTOR DE LA ORACIÓN O EXPERIENCIAS DE ORACION: es quien prepara y selecciona las experiencias para las diferentes oraciones. Uno de los aspectos más importantes de RICA es la oración. Además de enseñarles a los asistentes al programa las diferentes oraciones también debe enseñárseles cómo rezar. Las diferentes formas de oración en las que participen durante el RICA les ayudará a formar su propia espiritualidad y vida de oración.

- EL ARCHIVISTA: es quien mantiene la información personal actualizada y en orden de los futuros católicos, información que es necesaria para los registros de recepción de los sacramentos. De todos los católicos se mantienen estos registros, pero en el caso de personas adultas que se preparan en un programa del RICA estos registros tienen que iniciarse de forma diferente y desde luego cuando ellas ya son adultas. Desde el principio del programa del RICA es necesario determinar si un matrimonio es irregular y hay que conseguir una **anulación**.

- LAS PERSONAS DE RELACIONES PUBLICAS: hacen publicidad y anuncian el RICA. Como cualquier otro programa, el RICA debe anunciarse si es que se quiere que se le conozca en la parroquia. El RICA no es un segmento de feligreses aislados que asiste a sesiones cerradas sino que es una responsabilidad de toda la comunidad de fe.
- EL DIRECTOR DE COMUNICACIONES: hace los anuncios para el boletín, envía cartas sobre de las fechas de las reuniones y otra información. Las fallas de comunicación son grandes obstáculos en cualquier programa. Pero el director de comunicaciones deber estar alerta de quien debe estar informado sobre los acontecimientos del RICA.
- EL DIRECTOR DE RECURSOS: consigue los libros, materiales y arregla una biblioteca para el RICA. Ya que no todo el material pertinente puede estudiarse en las sesiones, los participantes al programa pueden hacer lecturas por su cuenta de temas que les interese si es que existen materiales disponibles. Pueden prepararse hojas o algún otro tipo de material impreso para aclarar muchos temas. El director de recursos también mantiene al día las publicaciones nuevas del RICA y materiales relacionados.

Las cualidades de un miembro del equipo RICA

Idealmente, ¿quién puede formar parte del equipo del RICA, aquellos que trabajan directamente con los participantes? Aunque una persona no posea todas las siguientes características, estas cualidades deben estar presentes en el equipo coordinador. Usualmente, un miembro del equipo tiene algún talento a contribuir al proceso del RICA.

Una persona católica practicante

El miembro del equipo no necesita haber recibido una educación de alto nivel, pero deber ser una persona que valore la fe y tenga ganas de ayudar a los demás a desarrollar una relación con Jesucristo. Un miembro del equipo del RICA es un feligrés activo y comparte fácilmente experiencias personales de Dios.

Madurez espiritual

Un miembro ideal del equipo es alguien que está abierto a todas las formas legítimas de espiritualidad, un católico común que pueda distinguir entre lo que es básico y lo que es opcional en la fe católica. Una devoción personal de algún miembro del equipo no debe serle impuesta a algún simpatizante.

Orientado a trabajar en equipo

El miembro del equipo es una persona de oración y principios que forma parte de un grupo y se esfuerza por crear un ambiente de comunidad y apoyo.

Ser leal

Aunque un miembro del equipo quizá no siempre esté de acuerdo con lo que sucede en la Iglesia, ser negativo o cínico entorpece la habilidad de un miembro para compartir la buena nueva. Los miembros del equipo del RICA deben darse cuenta que la Iglesia es humana y deben evitar inculcar ideas negativas en los recién llegados.

Ser humilde

Un miembro del equipo del RICA es muy consciente que todas las personas siempre están aprendiendo y buscando respuestas. Puede que el miembro del equipo sea un católico desde que nació pero debe recordar que nadie sabe todo. Pero como miembro del equipo sabe donde empezar a buscar las respuestas.

Ser paciente

El camino espiritual de cada persona requiere la conversión continúa. La vida de un miembro del equipo refleja el proverbio, "Por favor, ten pacienca. Dios no ha terminado conmigo, todavía".

Ser respetuoso

Dado que en la clase la mayoría de los que asisten son adultos, los miembros del equipo necesitan estar atentos del proceso de aprendizaje de los adultos. La última meta de RICA es la formación de católicos buenos que tengan una relación personal con el Señor y que aprecian el legado de la fe católica. No se puede enseñar todo en el RICA. El espíritu del estilo de vida católica necesita ser capturado. La manera de aprendizaje está enfocada en los adultos, respetando la manera cómo aprenden los adultos a través de compartir y expresar opiniones.

Ser persona de oración y conocedora

Cuando un miembro del equipo del RICA aprecia el método de catequesis basado en el Leccionario y le gustan las Escrituras, algunos conceptos teológicos podrían aparecer en el momento de compartir opiniones. La doctrina brota de manera natural de las Escrituras y los ciclos litúrgicos.

Puede que un miembro del equipo se sienta incomodo al considerar las características mencionadas. Sin embargo, el RICA es una forma de proceso de conversión al cual todos los cristianos están llamados. Aquella persona que tiene gran potencial como miembro del equipo del RICA tiene respeto por la fe católica, se esfuerza por crear la comunidad y tiene el conocimiento que la fe de cada persona crece según la gracia de Dios. El equipo del RICA no se compone de candidatos para la canonización sino de peregrinos ordinarios en el camino de la fe.

CAPÍTULO IV

¿Cómo empezar un programa parroquial de RICA?

Conceptos básicos

Cuando el Concilio Vaticano II volvió a incluir el catecumenado como un requisito para entrar a la Iglesia, los padres conciliares se dieron cuenta que las y los católicos necesitaban volver a aprender las siguientes enseñanzas básicas de la teología católica:

1. Entender lo qué es la *Iglesia*

Antes del Concilio Vaticano II, las personas católicas pensaban que ser *Iglesia* era ir a Misa, recibir los sacramentos y obedecer los mandamientos de Dios y de la Iglesia.

De acuerdo al Concilio Vaticano II, la *Iglesia* es el Pueblo de Dios que lleva la Buena Nueva al mundo dándole a conocer el mensaje de paz y amor de Jesucristo. En todo el proceso del RICA se demuestra este aspecto comunitario de ser Iglesia. Ser una persona católica significa integrarse con otras para formar una comunidad de fe y así el Pueblo de Dios, que junto alaba, reza, comparte y está presente con la o el otro en momentos de necesidad. Este es un aspecto totalmente nuevo en la forma de entender lo que significa ser Iglesia. Después del Concilio Vaticano II ser una persona católica significa que además de ir a la Misa del domingo también se debe de unir con otras personas para dar testimonio de la presencia de Jesucristo en el mundo.

2. Entender la conversión

Las personas católicas también necesitan repensar lo que entienden por conversión. Para las personas católicas en años anteriores la palabra conversión significaba, o que una persona se hacía católica, o que cambiaba de una fe por otra. Las personas que asisten a un programa del RICA llegan a darse cuenta de la dimensión de lo que simboliza y representa la conversión, es decir la conversión es el cambio interior de una persona en todo su ser, en su actitud ante la vida, en su relación personal con Dios, con otras personas, y consigo misma. La conversión implica el compromiso de seguir una forma de vida católica y de los ideales cristianos, no como un camino realizado por una persona sola sino como un camino realizado con la ayuda de otras y otros católicos. También la conversión significa construir el Cuerpo de Cristo en todos los niveles, empezando con uno mismo y de ahí llegando a otras personas. La conversión es para todas las personas, no sólo las que piensan en hacerse católicas. Todas y cada una de las personas nos encontramos en un proceso constante de conversión.

3. Entender la diferencia entre conocer la fe y vivir la fe

Cuando una parroquia tiene un interés en promover el programa del RICA, automáticamente pone en claro lo que quiere decir vivir la fe. Hay una diferencia entre conocer la fe y vivir la fe a través del ejemplo y testimonio de ciertas personas. El proceso del RICA insiste en que la fe debe manifestarse a través de las acciones y se abstiene de únicamente dar a conocer hechos sobre la Iglesia. Aunque es bien importante conocer hechos básicos, el proceso del RICA toma una visión global del conocimiento, un conocimiento experimental que rodea a todo el ser de la persona. El conocimiento formal tiene que ser superado por una formación espiritual y un encuentro personal con Jesucristo. La información que se recibe en un programa del RICA tiene que transformarse en acciones concretas. El auténtico programa del RICA hace clara la diferencia entre vivir la fe y saber sobre la fe.

4. La diferencia entre las devociones y oraciones personales y las devociones y oraciones básicas

Otra enseñanza que debe quedar bien clara en cualquier programa del RICA es la diferencia entre las devociones básicas católicas y las devociones personales. Algunas veces hay personas con buenas intenciones que enseñan alguna devoción u oración a una persona catecúmena sin decirle que esa devoción u oración es algo opcional y no básico. Aunque hay muchas devociones o prácticas que tienen mucho tiempo que se han vuelto populares entre las y los católicos, a las personas que quieren hacerse católicas se les tiene que decir la diferencia que existe entre las diferentes devociones y oraciones, para que ellas puedan elegir las que ellas quieran.

5. La diferencia entre las personas que no están bautizadas, las personas que están bautizadas en una denominación cristiana y las personas católicas que no están catequizadas

Aunque un programa del RICA está destinado principalmente a las personas que no están bautizadas, podría haber otros grupos de personas que pueden participar en el programa, como por ejemplo aquellas personas que han sido bautizadas en una denominación cristiana y que ahora quieren ser personas católicas. También puede haber personas católicas que no han recibido catequesis, como pueden ocurrir con personas que fueron bautizadas cuando fueron bebés y que ahora desean conocer la fe, tradición y prácticas católicas. A estos grupos de personas no se le vuelve a bautizar sino que participan en un rito penitencial, que se realiza por lo regular el segundo domingo de Cuaresma. Mientras están en el programa del RICA se preparan para recibir alguno de los otros sacramentos que todavía no han recibido y al mismo tiempo participan de las catequesis.

Mientras dura esta preparación, se les da una atención especial a los que no están bautizados. A estas personas se les llama catecúmenos, cada una de ellas tiene que poner su nombre en el Libro de los Electos en la iglesia catedral y son a quienes se les realiza los escrutinios durante la Cuaresma.

Situaciones pastorales

Hay que tener siempre claro que un programa del RICA no es otro programa más de la parroquia, el RICA es un instrumento que puede dar vitalidad a la vida de la parroquia, por lo que toda la parroquia tiene que conocer en que consiste este programa. Es importante la participación de la comunidad parroquial, especialmente para crear un ambiente de fraternidad y que al celebrar los ritos sea totalmente una experiencia de vida. De hecho algunas personas de la parroquia debe animárseles para que participen directamente en el programa.

1. Educar a la comunidad de fe sobre la naturaleza del RICA

La realización de los varios ritos durante las celebraciones litúrgicas son momentos que deben educar en la fe a toda la comunidad de fieles. Es un tiempo ideal para catequizar a la comunidad de fe sobre el proceso del RICA y sobre el desafío que cada persona tiene en ser fiel al compromiso de su bautismo. También la celebración de los ritos facilita una excelente oportunidad para explicar el significado de dichos ritos y hacer notar que cada persona con sus oraciones puede apoyar a los catecúmenos.

2. La realidad al implementar el RICA en la parroquia

Un elemento básico para cualquier parroquia que desee implementar un programa del RICA es tener un grupo de personas que practiquen su fe y que deseen dedicar su tiempo y talentos para ayudar a otras personas en su camino de fe. Este grupo, cuyos integrantes deben ser miembros activos de la parroquia, tiene lo que se necesita para dar inicio en la parroquia a un programa del RICA. Sin embargo, una parroquia puede tener las instalaciones más modernas, un presupuesto para el programa y candidatos para el programa, pero por un lado, sin personas con la predisposición y ánimo del programa del RICA los logros serán muy pocos y por otro lado si lo único que tiene la parroquia es un pequeño grupo de personas dedicadas a este proceso del RICA, muy probablemente la parroquia tendrá una muy buena experiencia con el RICA. Es ese grupo el que anima y transforma el espíritu del programa del RICA.

3. Considerando casos matrimoniales y procesos de anulación matrimonial

Poco después de que los candidatos se han registrado, quien coordine el programa del RICA debe considerar si hay alguna situación relacionada con el sacramento del matrimonio que deba merecer un poco más de atención. ¿Está el candidato casado? ¿Es su matrimonio válido? ¿El candidato está divorciado? Esto no se hace para entrometerse en la vida de esa persona sino para tener la información necesaria que le ayude en el proceso de poder hacerse católica. Puede surgir el caso de que un candidato necesite solicitar la anulación de su matrimonio o quizá que se le dé validez a su matrimonio. El obtener esta información desde el principio puede ayudar a prevenir situaciones problemáticas o vergonzosas.

4. Hablando con los padres de familia sobre la importancia de la preparación para recibir los sacramentos

El proceso del RICA demuestra lo importante que es prepararse espiritualmente para recibir los sacramentos. Esto puede ser un testimonio para los papás cuyos niños que se están preparando para recibir los sacramentos. Ya que los papas y la familia son la primera Iglesia, ellos dan a sus hijos un gran testimonio de lo que significa ser una persona católica. El Concilio Vaticano II pide que la preparación para recibir los sacramentos sea tanto de los padres como de los hijos que van a recibir los sacramentos para que el papá y la mamá puedan ser evangelizados, educados en la fe y actualizados en las enseñanzas doctrinales de la Iglesia de hoy día.

5. Concretando una identidad parroquial

Una de las razones por las que las personas quieren hacerse católicas es para pertenecer a una comunidad de fe. Este sentido de pertenencia a una comunidad de oración con un ambiente familiar es lo que jala a las personas a la forma de vida católica. La importancia de una identidad parroquial es un elemento que debe considerarse seriamente y tratarse de la misma manera durante el catecumenado. Las personas que quieren ser católicas no sólo quieren serlo para recibir los sacramentos. Las personas auténticamente católicas están consientes de la dimensión social de lo que significa ser católico, de lo que significa pertenecer a una comunidad que se reúne en un lugar específico donde pueden tener en comunidad un encuentro personal con Dios. Hay algunas personas católicas que asisten a Misa a diferentes iglesias cada domingo para no comprometerse con su parroquia y se les conoce como católicos sólo de nombre.

Palabras usadas en el RICA

Ya que el Rito de Iniciación Cristiana para Adultos es un concepto relativamente nuevo en la Iglesia moderna, hay palabras relacionadas con el proceso del RICA que pudieran no ser familiares para algunos católicos. Por lo general estas palabras se derivan del latín o del griego y no son parte del vocabulario católico de uso diario, especialmente para aquellas personas catequizadas antes del Concilio Vaticano II. Esas palabras relacionadas con el RICA están brevemente explicadas más abajo, esperando que más que sean otras palabras en su vocabulario lleguen a representar el simbolismo de una experiencia de vida.

- ANULACIÓN: una declaración por escrito que la autoridad de la Iglesia otorga para decir que el sacramento del matrimonio nunca existió.

- CANDIDATO(A): Es la persona que está bautizada en alguna denominación cristiana y que desea hacerse católica. Durante el catecumenado se le llama candidato(a).
- CATEQUESIS: Instrucción en la fe católica.
- CATEQUISTA: Es la persona que instruye a otras acerca del catolicismo, puede ser una monja, un religioso, un sacerdote o una persona laica.
- CATECÚMENO: Es la persona que nunca ha sido bautizada y que desea hacerse católica. Durante el catecumenado se le llama catecúmeno.
- CATECUMENADO: Es todo el proceso del Rito de Iniciación Cristiana para Adultos. Más específicamente, el catecumenado es el período de instrucción formal, la segunda etapa del RICA.
- CELEBRACIONES DE LA PALABRA DE DIOS: se basan en las Escrituras. Al principio de la etapa del catecumenado, aquellas personas que quieren ser católicas participan de la Liturgia de la Palabra, quienes después de la homilía salen para estudiar y comentar las Escrituras, hablan de los pasajes leídos y de la forma en cómo los aplicarían a sus vidas.
- CRISTIANOS: Es la persona bautizada que basa su fe religiosa en la vida y enseñanzas de Jesús, especialmente los católicos, los ortodoxos y los protestantes.
- COMPARTIR LA FE: es compartir la espiritualidad y relación personal que uno tiene con el Señor.
- COMUNIDAD DE FE: Son los cristianos que se reunen en una parroquia para rezar, compartir su fe y valores cristianos.

- CONCILIO VATICANO II: es el nombre que reciben los documentos que todos los obispos del mundo y el Papa escribieron durante 1962 a 1965 y que actualizaron y renovaron la Iglesia para adecuar sus enseñanzas al mundo moderno.
- CONVERSIÓN: es el cambio de mente, de corazón y de espíritu que tiene como meta el crecimiento espiritual y en mejorar su relación personal con Dios, con otras personas y consigo mismo.
- CUARESMA: es un tiempo de cuarenta días dedicado a la preparación y penitencia antes de la Pascua. En el RICA la Cuaresma se llama el período de purificación e iluminación.
- DESPEDIDA: es una bendición que reciben los catecúmenos y candidatos después de la homilía, es decir ellos permanecen con la comunidad que celebra la Eucaristía sólo hasta la Liturgia de la Palabra, después ellos salen a estudiar y reflexionar las Escrituras.
- DICERNIMIENTO: es un proceso de reflexión profunda que con la ayuda del Espíritu Santo auxilia a la persona a hacerse responsable de las decisiones que toma para hacer la voluntad de Dios.
- DOGMAS: son enseñanzas católicas oficiales que se proclaman como verdades de fe.
- EFFATHA: literalmente significa "ábrete". Esta bendición se hace sobre los oídos y la boca de los elegidos para que escuchen y proclamen la Palabra de Dios. Se realiza en preparación para el Sábado Santo o en un retiro previo a él.

- ELEGIDOS: son las personas que se preparan para pertenecer a la Iglesia. A los catecúmenos se les llama elegidos después del rito de elección que se realiza en la Cuaresma.
- ESCRUTINIOS: son los rituales que marcan la preparación final de los catecúmenos que van a recibir los sacramentos de iniciación, se celebran durante la Misa del tercer, cuarto y quinto domingo de Cuaresma.
- ESPÓNSOR: es la persona que acompaña y apoya a un candidato o catecúmeno.
- EVANGELIZACIÓN: es la realización del mandato del Señor "vayan y hagan discípulos a todos los pueblos" (Mateo 28,19). Es compartir la fe personal y anunciar la Buena Nueva de Jesucristo.
- EXORCISMOS: son las oraciones y los rituales que liberan del pecado, del mal y de las malas influencias; son parte de los escrutinios que se celebran el tercer, cuarto y quinto domingo de Cuaresma.
- FORMACIÓN: es el proceso de guiar la madurez espiritual de la persona, específicamente aplicada a todo el proceso del RICA el cual forma a nuevos católicos.
- ILUMINACIÓN (Y PURIFICACIÓN): es un tiempo dentro de la Cuaresma que se dedica a prepararse espiritualmente y hacer sacrificios personales antes de la iniciación cristiana.
- INICIACIÓN: son los ritos y ceremonias en las que una persona participa para hacerse miembro de un grupo religioso. En el proceso del RICA, los sacramentos de iniciación son el bautismo, la confirmación y la eucaristía.

- LITURGIA: son los ritos y ceremonias oficiales que celebra la Iglesia para dar culto a Dios en la Misa, la Liturgia de las Horas y los sacramentos.

- MINISTERIO: es la actividad que se hace y está relacionada con la Iglesia, y puede ser una actividad que sirve a las necesidades físicas, espirituales o emocionales del Pueblo de Dios.

- MISTAGOGIA: es el tiempo después de la Pascua cuando las nuevas personas católicas aprenden más de la Iglesia y sus diferentes ministerios. *Mistagogia* es una palabra de origen griego que significa *entrar más profundamente en los ministerios*.

- NEÓFITO: es una persona nueva que se bautiza y que entra a la comunidad de la Iglesia. *Neófito* proviene del griego y significa *recién plantado*.

- PADRE NUESTRO, EL: es una oración básica tradicional de la Iglesia, que fue enseñada por Jesús cuando sus discípulos le dijeron: "Señor, enséñanos a orar" (Lucas 11,1-4). Una presentación formal del Padre Nuestro y catequesis sobre la oración es parte de la experiencia cuaresmal.

- PADRINO O MADRINA: son personas católicas practicantes que oficialmente son testigos del bautismo.

- PREEVANGELIZACION: es la primera etapa de todo el proceso del RICA. Es una etapa preparatoria y también se le llega a conocer como la *etapa de preguntas* o *precatecumenado.*

- PURIFICACIÓN E ILUMINACIÓN: es la tercera etapa del proceso del RICA y se lleva a cabo durante la Cuaresma.

- RICA (RITO DE INICIACIÓN CRISTIANA PARA ADULTOS): es el nombre que se le da a todo el catecumenado.
- RICA, EQUIPO COORDINADOR: son personas que guían el RICA y son responsables por los resultados que la parroquia obtiene en este programa. Como representante de toda la parroquia, este equipo es un componente vital y necesario del RICA.
- RICN (RITO DE INICIACIÓN CRISTIANA PARA NIÑOS): es una adaptación del rito para adultos que se adecua a las necesidades de los niños.
- RITO: es una forma específica de la liturgia católica, las palabras y las ceremonias preescritas para la liturgia o los sacramentos. En el proceso del RICA del rito latino romano los ritos son ceremonias litúrgicas que se celebran en presencia de una comunidad para dar culto a Dios. Estas ceremonias marcan el comienzo de cada etapa del proceso del RICA. Hay cuatro diferentes ritos del RICA:

  RITO DE ACEPTACIÓN: es el rito que celebra el comienzo de la etapa del catecumenado.

  RITO DE ELECCIÓN: es un rito que por lo general se celebra el primer domingo de Cuaresma, con este se empieza la etapa de Purificación e Iluminación que consiste en una intensa etapa de preparación espiritual. Este rito por lo general lo celebra el obispo en la catedral.

  RITO DE ENVÍO: este rito se lleva a cabo en la parroquia y en ella se envía a los catecúmenos al obispo para el rito de elección el primer domingo de Cuaresma.

RITO DE INICIACIÓN: es la primera meta del proceso del RICA. Se celebra con gran solemnidad en la Vigilia Pascual la que se realiza en la noche del Sábado de Gloria. Los electos se hacen católicos y reciben los sacramentos de iniciación, el bautismo, la confirmación y la eucaristía.

- SIMPATIZANTES: son las personas que expresan interés en conocer más sobre la fe católica durante la etapa de preevangelización del RICA.

- TESTIMONIO: es la proclamación de fe en Jesús y la Iglesia a través de palabras y acciones. El testimonio público que hacen los participantes del RICA.

- VIGILIA PASCUAL: es la celebración vespertina del Sábado de Gloria, incluye la solemne iniciación de las personas nuevas que quieren ser católicas.

Conclusión

La principal preocupación del párroco de una iglesia es la vida y espiritualidad de las personas. Sin embargo, el pastor no puede ni debe hacerlo solo. Las personas en la parroquia son el alma y el espíritu de la parroquia. La siguiente historia demuestra esta verdad de una manera dramática.

El RICA es señal de que la Iglesia está viva

Parábola de la Iglesia muerta

Hace mucho tiempo había un pastor que estaba disgustado con la apatía y falta de cooperación de las personas que asistían a su parroquia, así que decidió tomar ciertas medidas drásticas. Puso carteles alrededor del pueblo que decían: ***La iglesia entre la calle Principal y Avenida Uno se murió. Están todos invitados al funeral este domingo a las 7 de la noche para darle una despedida.***

No es necesario decir que la iglesia estaba más que llena porque todo el pueblo quería saber que era lo que estaba pasando. Las personas al ir entrando se daban cuenta que se trataba de un funeral, el órgano tocaba música fúnebre, el coordinador de funerales recibía a las personas en la entrada, había flores blancas en el sagrario. Y además había un ataúd al centro de la iglesia.

El párroco procedió a decirle a la comunidad las buenas cosas que tuvo la parroquia antes de morir. Y empezó a invitar a cada persona que se encontraba allí a decir unas palabras para despedir a la iglesia acercándose al ataúd una por una y a decir una oración por ella. Como se puede imaginar, cada una de las personas estaba ansiosa de acercarse al ataúd. Pero al ir acercándose algo les hacía pararse y devolverse a sus lugares. Lo que pasó es que el párroco había puesto un pequeño espejo en el ataúd, así que cada persona podía reflejarse en él. A partir de entonces la comunidad parroquial empezó a ayudar y a tener un espíritu vivo.

En parroquias donde hay vida, el programa del RICA puede prosperar. Donde falta el espíritu de evangelización, donde no hay nuevos miembros en la comunidad, el destino de la parroquia puede estar en peligro.

Cuando el RICA está integrado a la vida de la parroquia ésta puede crecer y avanzar y además el RICA puede servir como una herramienta valiosa para la formación continúa de los adultos. Cuando el programa del RICA da frutos puede decirse que es una forma de medir la temperatura espiritual de la parroquia, porque esto entre otras cosas puede interpretarse que la parroquia está viva. Además cuando el RICA induce vitalidad a la toda la parroquia puede verse como señal de la presencia viva de Cristo en el mundo. El RICA refleja la visión del Concilio Vaticano II sobre lo que la Iglesia puede hacer en este tiempo moderno, una continuación de la misión de Jesús. La comunidad de fe en la parroquia puede nutrirse de la tradición del RICA, además la comunidad cumple con su misión bautismal. Una parroquia con un vigoroso programa del RICA toma seriamente la recomendación de Jesús "gratis lo han recibido, entréguenlo también gratis" (Mateo 10,8).

De la misma manera en que apreciamos una reliquia familiar y la pasamos de una generación a otra, así la fe católica se transmite a través de un dinámico y vigoroso programa del RICA. La última meta del RICA, ser Eucaristía para el mundo, continúa la visión del Concilio Vaticano II acerca de la Iglesia en nuestro tiempo moderno, manifestar la presencia de Jesucristo y su gracia en el mundo.